Dona Loba estava profundamente transformada.

Ela, que levara uma vida ociosa, disputando os melhores pratos para a sua mesa, indiferente à fome e à necessidade dos mais próximos, um dia viera a ler algumas páginas sobre a Caridade.

Foi o suficiente.

Sentiu que era para si mesma que aquelas palavras se dirigiam e, abrindo o coração, pôde abrigá-las e compreendê-las.

Resolveu exemplificá-las, amparando a todos.

A partir de então, diariamente, os habitantes da Floresta acompanhavam, com admiração, a sua crescente atividade assistencial.

— Dona Loba, o Porco-Espinho está com febre.

Movimentava-se para socorrê-lo.

— *Dona Loba*, o filhinho da Onça está doente.

Lá corria para atendê-lo.

Não mais havia doentes ou um só necessitado na Floresta que não recebessem a já muito agradável e famosa visita de dona Loba, a qual, agora, nem mais parecia ser quem fora.

Alguns, inclusive, passaram a ajudá-la.

Um dia, ocorreu uma epidemia na Floresta.

Apesar de todo medicamento usado pelo Nonô Farmacêutico, muitos desencarnavam com febre alta, deixando filhinhos órfãos, numa situação de cortar o coração.

Dona Loba passou a recolhê-los.

Prolongando-se a doença, porém, a casa de dona Loba tornou-se pequena demais para albergar tantos deserdados de lar e, por isso, ocorreu-lhe uma ideia brilhante e feliz.

— Isso mesmo – disse para si própria –, construiremos um Lar para essas criancinhas.

E, se pensou, procurou fazer.

Reuniu os mais íntimos amigos, expondo-lhes o projeto de fazer um casarão muito grande, tão grande que todos os órfãos pudessem ser assistidos.

— Então – finalizava a sua narrativa, toda entusiasmada -, dentro dessa instituição de caridade, poderemos oferecer melhores recursos de amparo e educação às criancinhas de nossa Floresta!

Todos ouviram e concordaram.

E o plano fez-se comentado.

Mas o Chacal, nas suas visitas a amigos, não deixava de falar em surdina, qual se propalasse um bom aviso:

— Eu sabia que aquelas andanças de dona Loba escondiam uma segunda intenção. Estava interessada demais no amparo aos sofredores, para ser verdade.

E, baixando a voz, murmurava:

— A danada preparava uma cama fofa.

 também foi ouvida.

— Você, que é tão amiga dela...

— Claro que sou – confirmou dona Onça, toda rompante –, e amiga de muita intimidade.

— Será que ela vai mesmo edificar o Lar?

A Onça pigarreou manhosamente.

— Talvez... Quem sabe? – e, após uma pausa, terminou dizendo: - Só sei que muita gente já morreu de fome com o apetite de dona Loba! É como dizem: "Cesteiro que faz um cesto faz um cento"...

Os comentários cresciam.

Analisavam, esmiuçavam, estudavam todos os gestos do passado de dona Loba, atribuindo-lhe as mais disparatadas intenções.

Duvidavam e duvidavam.

Era a mais comentada da Floresta.

— Mas vamos que ela construa o Lar... – aventou alguém, lembrando-se da bondade de dona Loba.

— Construir?! – exclamou o doutor Bicho-Preguiça. – Isso é de causar riso... Dona Loba desiste na primeira semana, vocês verão. E, com essa desistência, quem é que cai no ridículo? Nós e ninguém mais...

Nesta altura, dona Loba sentia-se arrasada.

Todos os disse-que-disse da Floresta voavam para os seus ouvidos, e, nas estradas, algumas vezes, ela era asperamente abordada e acusada de malandragem em seu projeto.

— Ninguém ajudará você – afirmava o Bicho-Preguiça.

O Chacal, que ouvia, avisou:

— Com o seu passado, dona Loba, o melhor a fazer é desistir. Esse negócio de abrigo para crianças é coisa para os santos fazerem. E como você não é flor que se cheire...

Ela voltava para casa e chorava.

No dia marcado para o início das obras, tomou-se de coragem e partiu em direção ao terreno.

Soou a hora do início.

Ninguém se fez presente.

Dona Loba, contudo, via seus amigos da véspera ao longe, espiando e comentando, apontando e rindo, como a prenunciar que, afinal, o Bicho-Preguiça, a Onça e o Chacal tinham razões de sobra para os comentários.

Dona Loba novamente chorou.

As suas lágrimas, porém, subiam em direção à Espiritualidade Maior, quais pedidos de socorro. Por isso, um bom Espírito, muito interessado no projeto de dona Loba, corporificou-se à sua frente.

— *Por que chora*, dona Loba?

— Por meus erros, Espírito amigo.

— No passado, todos temos nódoas terríveis. Embora as lágrimas sejam respeitáveis, marcando o nosso arrependimento, é mais importante que reconstruamos o nosso destino, praticando as boas obras no dia que passa.

Dona Loba mostrava-se interessada.

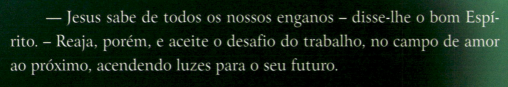

— Jesus sabe de todos os nossos enganos – disse-lhe o bom Espírito. – Reaja, porém, e aceite o desafio do trabalho, no campo de amor ao próximo, acendendo luzes para o seu futuro.

— Não saberei agir sozinha.

— Virão outros trabalhadores, dona Loba.

— Mas todos estão ao longe.

O Espírito amigo, que bem a compreendia, olhou na direção do Chacal, que estava a rir, vendo o Bicho-Preguiça escarrapachado num banquinho, fazendo pregações, e dona Onça ensaiando botes.

— Eles não deverão desanimá-la!

— Mas criam a revolta e a desconfiança, atrasando o trabalho e pondo em risco toda a empreitada.

O Espírito sorriu.

— *São eles* — disse apontando a Onça, o Chacal e o Bicho-Preguiça -, são eles os maiores necessitados de caridade. Muito se engana quem julga que a obra da assistência exista apenas para os albergados. As almas que se reúnem para o trabalho são as que mais precisam de carinho e tolerância.

— Como assim?

— Veja o Chacal.

— Não entendo!

— O pobrezinho, imaginando que, se ocupasse o seu lugar, tiraria proveito da posição, passa a afirmar que você ficará rica com esta obra. Habituado a alimentar-se com os restos das coisas, só sabe ver defeitos nos semelhantes.

— E a Onça?

— A infeliz, tão hábil em armar seus botes, é incapaz de reconhecer os que se reformam moralmente e empreendem esforços para domar as suas más inclinações. Por isso, é uma cega que não vê a sua própria necessidade de mudar de vida e prefere deter-se em acusá-la, amiga Loba.

— E o Bicho-Preguiça?

— Ele, que foge de colaborar em tudo o que exija sacrifício e renúncia, sem possuir a virtude da persistência e o hábito da agilidade no campo do amor ao próximo, considera mais fácil impedir toda obra do que nela contribuir.

Dona Loba, que a tudo ouvia, suspirou:

— Que deveria fazer, então?

— Simplesmente trabalhe.

— ?!

— Trabalhe sempre, minha amiga, sem incomodar-se com a zoeira das Sombras infelizes. Inicie sempre com suas próprias mãos todo empreendimento útil, umedecendo a argila com suas lágrimas, a fim de solidificar o grande projeto do Bem.

Na entrepausa, dona Loba ainda perguntou:

— Que farei com esses falsos amigos?

O Espírito esclareceu, pacientemente:

— Receba-os por filhos de seu coração, minha cara Loba. Confie-lhes tarefas justas, mas suporte o peso do trabalho silenciosamente, amparando-os e tudo fazendo para que tenham a sensação de que a maior realização é sempre a deles.

Dona Loba suspirou.

— E eles continuarão com o disse-que-disse?

Diante da delicadeza da pergunta, o Espírito pensou, pensou, pensou e respondeu, muito prestativo:

— Eles são vítimas da própria língua.

— São doentes?!

— Doentes, sim! Contudo, não é por isso que desertaremos do Bem, receando que nos descubram as fraquezas. Somente o orgulhoso foge do trabalho, amedrontado pelos que lhe comentarão as imperfeições.

O Espírito encareceu o ensinamento:

— O humilde caminha sempre, nas estradas da Vida, caindo e levantando, errando e corrigindo-se, até o dia em que esteja habilitado a avançar sem desfalecimento.

Após uma pausa, informou:

— Por isso é que, nos registros da Espiritualidade Superior, somente os humildes e perseguidos completam os seus objetivos, enaltecendo o Bem com Jesus. É que caminham entre as criaturas, servindo sempre.

O Espírito fez-se de novo invisível.

Dona Loba, bebendo as próprias lágrimas, começou a trabalhar.

Os amigos perturbados, que se encontravam a distância, ouvindo o ruído de suas tarefas, foram se achegando, achegando, achegando e, entre resmungando e sorrindo, acusando e defendendo, ocuparam as próprias mãos no trabalho nobre.

E assim surgiu, na Floresta, o grande Lar.

Dona Loba compreendeu, não muito tarde, que o verdadeiro amparo da caridade, em toda obra que se fundamenta no Evangelho de Jesus, começa pela tolerância mútua entre os próprios obreiros a ela chamados.

Fim!

Aos Pais e Evangelizadores

Uma história singela, mas detentora de profundos ensinamentos, oferecendo boa oportunidade para conversar com as crianças sobre os malefícios da calúnia e da necessidade de perdoar e colaborar com aqueles irmãos que, arrependidos de seus atos do passado, encontram-se desejosos de repará-los, como foi o caso de nossa personagem Dona Loba, além de ressalvar a importância de fazer o bem.

Sugestão de atividades

Sugerimos aos pais e evangelizadores que aproveitem a ocasião desta leitura para discorrerem sobre exemplos edificantes de pessoas que doam um pouco do seu tempo em benefício dos semelhantes mais necessitados. E que esse tempo nunca será perdido, e sim transformado em bênçãos, num trabalho a serviço de nosso mestre Jesus.

Bibliografia e obras para consulta sobre o tema:

"O Evangelho Segundo o Espiritismo" – Allan Kardec

Sede perfeitos

- O Dever – Cap. XVII – item 7

Amar o próximo como a si mesmo

- O maior mandamento – Cap. XI – itens 1, 2, 3 e 4

Bem-aventurados aqueles que são misericordiosos

- O argueiro e a trave no olho – Cap. X – item 9
- Não julgueis, a fim de que não sejais julgados – Cap. X – item 11

Escreva sobre o que você achou deste livro. **editorial@ideeditora.com.br**

ide em parceria com LUZ NO LAR

Dona Loba estava diferente, antigamente era egoísta, não tinha vontade nem o costume de dividir nada com ninguém, mas, depois que descobriu como é gostoso ajudar os outros, resolveu mudar de comportamento. Começou auxiliando os amigos da floresta, cuidando dos doentes, dos filhotinhos órfãos, alimentando os que tinham fome, e muito mais. Dona Loba só não esperava que seus amigos desconfiassem de sua bondade. Será que ela tinha mudado mesmo? Ou tinha uma segunda intenção? O que será que estaria planejando? Afinal de contas, ela é uma loba!

Descubra o porquê de toda essa confusão e conheça o amparo amoroso de nossos protetores.

idelivraria.com.br

ISBN 978-85-7341-712-8

FICHA CATALOGRÁFICA
(Preparada na Editora)

F963t Frungilo, Mariana, 1980-
A Tarefa de Gabriel / Mariana Frungilo.
Araras, SP, 1ª edição, IDE, 2011.
32 p.
ISBN 978-85-7341-503-2
1. Espiritismo para crianças. 2. Espiritismo I. Título.
CDD -133.9024
-133.9

Índices para catálogo sistemático:
1. Espiritismo para crianças 133.9024
2. Espiritismo 133.9

Ilustração e Diagramação:
L. Bandeira

© 2011, Instituto de Difusão Espírita

2ª reimpressão - fevereiro/2015

INSTITUTO DE DIFUSÃO ESPÍRITA

Av. Otto Barreto, 1067 - Cx. Postal 110 - CEP
13602-970 - Araras - SP - Brasil

Fone (19) 3543-2400 - Fax (19) 3541-0966

www.ideeditora.com.br

IDE Editora é apenas um nome fantasia
utilizado pelo Instituto de Difusão Espírita,
o qual detém os direitos autorais desta obra.

IDE Editora é um departamento do INSTITUTO DE DIFUSÃO
ESPÍRITA, entidade sem fins lucrativos, que promove extenso
programa de assistência social aos necessitados de toda ordem.